THE HISTORY 한국사 인물 3
유관순

THE HISTORY 한국사 인물 3
유관순

펴낸날 2023년 3월 1일 1판 1쇄
펴낸이 강진균
글 김영자
그림 박은화
편집·디자인 편집부
마케팅 변상섭
제작 강현배
펴낸곳 삼성당
주소 서울시 강남구 선릉로 747 삼성당빌딩 9층
대표 전화 (02)3443-2681 **팩스** (02)3443-2683
출판등록 1968년 10월 1일 제2-187호
ISBN 978-89-14-02081-9 (73990)

본 저작물은 저작권법에 따라 보호를 받는 책이므로 무단 전재와 무단 복제를 금합니다.
※ 파본은 바꾸어 드립니다.

THE HISTORY 한국사 인물 3

유관순

차례

예절 바른 아이 ……………………………… 11

설레는 경성 유학 …………………………… 33

고종 황제의 죽음 …………………………… 54

고향에 내려와 ……………………………… 78

아우내 장터의 외침 …………………………… 98

유관순 열사의 생애 …………………………… 122

유관순 ………………………………………… 123

예절 바른 아이

충청남도 천안시 병천면 용두리(옛 지명은 충청남도 목천군 이동면 지령리)에 하얀 눈이 소복이 쌓인 어느 겨울날이었다. 어린 소녀 관순은 오빠 우석을 따라 마을 아이들과 함께 연날리기를 하고 있었다.

그런데 오빠 우석의 연은 자꾸 땅으로 곤두박질치기만 하고 솟아오르지 못했다. 그럴수록 우석은 열심히 얼레를 감았다 풀었다 반복하면서 연을 띄우려고 노력했다. 그래도 연은 좀처럼 떠오르지 않았다.

그러자 함께 연날리기하던 아이들이 우석을 놀려 댔다.

"그걸 연이라고 날리고 있니?"

"오늘은 연 날릴 생각 말고 집에 가서 동생들이나 봐주는 게 낫겠다."

이런 말을 들은 우석은 화가 났으나, 마음을 달래며 계속 얼레를 당기고 있었다.

이때 옆에서 구경하던 관순이가 보다 못해 끼어들었다.

"우리 오빠 연이 어때서 그래?"

관순이 눈을 부릅뜨며 따지자 우석을 놀려 대던 마을 아이 한 명이 변명했다.

"어떻다는 게 아니라 잘 떠오르지 않으니까 그러는 거지 뭐!"

"오빠 연이 비실비실해 보이는 것 같아도 떠오르기만 하면 다른 것보다 훨씬 잘 날 수 있어."

관순은 당당하게 말했다.

"거짓말 마라! 어떻게 저런 힘없는 연이 내 연보다 더 잘 날 수 있다는 거야!"

그때 다른 아이가 끼어들며 내기를 하자고 했다.

"그럼, 연싸움 한번 해 볼래?"

"좋아, 누가 겁낼 줄 알고."

관순은 자신 있게 대답했으나 옆에 있던 우석은 어이가 없었다.

'어떻게 떠오르지도 않는 이 연 가지고 저렇게 잘 날고 있는 연과 싸워서 이기려고 그러지?'

우석은 내심 걱정했으나 동생 관순의 용기를 믿어 보기로 했다.

"오빠, 얼레를 내게 줘."

관순은 입술을 꽉 다문 채 얼레를 받아 챙겼다. 그러고 나서 한 손으로 실을 몇 번 잡아당기자 그때까지 꼼짝도 하지 않던 연이 힘차게 떠올랐다.

떠오른 연이 다른 아이들의 연과 엉키자, 관순은 얼레를 돌려 실을 자꾸 풀었다.

어느덧 관순이 날리던 연이 다른 아이들의 연을 제치고 가장 높게 날았다.

그리고 얼마 후에는 관순의 연줄에 실이 끊긴 다른 아이들의 연이 바람을 타고 하늘 높이 날아가 버렸다.

"야아, 관순이가 이겼다!"

우석은 동생의 승리에 손뼉을 치며 좋아했다. 다른 아이들도 관순에게 박수를 쳐 주었다.

"거봐, 이젠 우리 오빠 연에 대해 할 말 없지?"

관순은 그때까지 비웃던 마을 아이들에게 말 한마디를 남기고 오빠와 같이 집으로 향했다.

관순이 사는 집은 맑은 시냇물과 매봉산이 우뚝 솟아 있는 조그만 초가 마을에 있었다.

"관순아, 너 참 대단하다. 언제 그런 기술을 배웠냐?"

"오빠도 참, 무턱대고 연줄만 놓았다 풀었다 하면 되는 줄 알아? 바람의 방향에 맞춰 연을 날려야지."

"그래, 아무튼 마을 아이들의 코를 납작하게

눌러 줘서 신나는구나."

어느 날 부모님이 마당에서 동생들과 놀고 있는 관순을 보며 이야기를 나누고 있었다.

"관순이는 장차 커서 무엇이 될 것 같소?"

"그야 마음씨 곱고 예쁜 처자가 되겠지요."

"아니오! 워낙 영리하고 행동거지 하나하나 예사롭지 않은 걸 봐서 장차 큰일을 할 성싶소."

1902년, 유중권의 5남매 중 둘째 딸로 태어난 유관순은 이렇듯 부모님의 사랑과 기대를 한 몸에 받으며 자랐다.

관순의 위로는 언니 계출과 오빠 우석이 있었고, 밑으로는 인석과 관석이라는 두 동생이 있었다.

관순은 이 동생들을 누구보다도 사랑했다.

이 무렵, 우리나라는 일제 치하의 암울한 시대를 맞고 있었다. 사람들은 작은 일에까지 일본인들의 간섭을 받았으며, 학교에서도 우리글과 역사 등을 제대로 배울 수 없었다.

어느 날, 집 밖에 나갔던 동생 인석이가 집 안으로 헐레벌떡 뛰어왔다.

〈유관순 열사의 생가〉
사적으로 지정되었으며 천안시 동남구 병천면 유관순 생가길 18-1에 있다.

"형, 누나!"

"왜 그러니, 인석아?"

"큰일났어, 아버지가 피투성이가 되어 돌아오시고 있어."

"뭐라고?"

"빨리 가 봐!"

"알았어."

관순은 오빠와 함께 한걸음에 아버지에게로 갔다. 아버지는 동생 말대로 온몸이 피투성이가 되어 있었다.

마을 사람들과 함께 아버지를 부축하여 방에 모시자 어

머니는 그만 눈물을 흘렸다.

관순도 아버지 앞에 엎드려 울음을 터뜨렸다.

"아버지!"

아무 말도 못 하고 누워 계시는 아버지의 얼굴에서 계속 피가 흘러내렸다.

이때 교회에서 전도사 일을 맡고 있던 삼촌이 왔다. 관순은 삼촌의 손을 붙잡고 어찌 된 일인지를 물었다.

관순의 등을 토닥거리던 삼촌이 조용히 입을 열었다.

"고마다라는 왜놈, 너도 알지?"

"네."

"그놈이 아버지를 이렇게 만들었다는구나."

"아니, 왜요?"

삼촌은 한숨을 길게 쉬며 고마다의 만행을 일일이 말해 주었다.

고마다는 아버지가 흥호 학교를 세울 때 관순의 아버지에게 돈을 빌려줬던 왜놈으로 악독하기가 이를 데 없었다.

"세상에 이자를 열 곱이나 붙여서 내놓으란 놈이 어디

있니."

삼촌은 고마다가 꾼 돈의 열 곱을 이자로 강요하자 아버지가 대들었다고 했다.

"그렇다고 사람을 이렇게까지 만들다니."

관순은 분한 마음이 복받쳤다.

"관순아, 이 모든 일이 나라의 힘이 약하기 때문이란다."

삼촌은 아버지의 상처를 어루만지며 크게 한숨을 쉬었다.

이런 일이 있고부터는 관순의 말수가 크게 줄어들었다.

몇 달 후 가족들의 보살핌으로 아버지의 몸은 완쾌되었고 집안은 다시 활기가 감돌았다.

그런데 어느 날 동생 인석의 친구가 뛰어 들어오며 인석이가 다른 친구와 싸우다가 머리를 다쳤다고 전했다.

관순은 재빨리 그 아이를 따라가서 머리를 다쳐 피를 흘리고 있는 인석을 데리고 들어왔다.

그리고 아버지에게 인석이 동네 아이들과 놀다가 그렇게 되었다고 설명했다.

아버지는 눈살을 찌푸리며 인석의 머리에 약을 발라 주

었다.

그러다가 갑자기 화를 벌컥 냈다.

"돌을 던진 녀석을 당장 데려와라!"

그러자 관순이가 아버지를 말렸다.

"장난치다가 다친 걸 가지고 그 아이를 혼내려는 건 너무하시는 것 같아요."

그래도 아버지는 울화가 치밀었다.

"아무리 장난이어도 그렇지, 머리가 이게 뭐냐?"

"제가 잘 타이르고 왔으니까 진정하세요."

관순은 고집을 피우며 아버지의 말을 듣지 않았다.

"어서 그 녀석을 붙잡아 오라는데 뭔 말이 그렇게 많냐?"

"아버지! 그냥 참으세요."

"이 녀석이!"

관순은 고집을 피우다 아버지의 노여움을 사 그날 처음으로 아버지에게 뺨을 얻어맞았다.

그날 저녁, 아버지는 끝까지 자신이 옳다고 고집을 부리다 뺨까지 얻어맞은 관순을 한편으로는 대견스럽게 생각했다.

'이렇게 나라가 어수선한데 저만한 고집쯤은 있어야 나라를 지키지.'

아버지는 이렇게 생각하면서 손찌검까지 했던 것은 너무 심했다는 생각을 했다. 그래서 미안함도 표시하고 조선의 현실에 관해서도 이야기할 겸 관순을 방으로 불러들였다.

'무슨 일이시지?'

아버지의 음성이 무겁게 들려왔다.

"우석아, 관순아! 이제부터 아버지가 하는 말 귀담아듣고 깊이 새겨라!"

관순과 우석은 자세를 바로 하고 고개를 끄덕였다.

"우리가 이렇게 나라 없는 백성이 된 것은 너희들도 잘 알겠지? 저 왜놈들이 강제로 우리나라를 빼앗았기 때문이다."

아버지는 6년 전, 국권 피탈의 치욕이 떠올라 잠시 말을 잊지 못했다.

"우리가 왜놈들에게 속절없이 나라를 빼앗긴 이유를 너

희는 아직 모를 게다. 그것은 다름 아닌 우리 민족의 무지에 있다고 할 수 있다. 물론 남의 나라를 빼앗고 그 위에 군림하는 야만적 행위가 더 지탄받을 만한 일이겠지만 우리 것을 스스로 지킬 힘이 없었던 우리 민족에게도 책임이 있단다."

"내가 몇 년 동안 집안을 돌보지 못하면서까지, 더구나 저 무지막지한 왜놈들에게 갖은 수모를 당하면서까지 흥호 학교를 꾸려 가는 것도 다 이 때문이다."

"우리가 왜놈들의 손으로부터 나라를 되찾으려면 모두 꾸준히 배우고 익혀 힘을 길러야 한다. 그래서 독립을 하는 것만이 다음 세대를 이어갈 후손들에 대한 도리를 다하는 것이다."

"너희들은 명심해야 할 것이다. 그리고 관순아, 아까 낮에는 아버지가 너무 심했던 것 같구나."

"아녜요, 아버지. 제가 잘못했어요."

관순은 아버지의 뜻을 마음속에 깊이 새기기로 했다.

그 당시 우리나라의 앞날은 매우 어둡고 혼란스러웠다.

외국 선진 문물을 일찍 받아들인 탓에 우리보다 일찍 개화한 일본은 1876년 강화도 조약을 강제로 체결한 뒤, 조금씩 자신들의 세력을 우리나라에 뻗쳤다.

청나라와 러시아를 차례로 물리치고 우리나라에서 독점적 위치를 차지한 일본은 1905년 을사늑약을 체결하여 우리나라의 외교권을 빼앗았다.

마침내 일본은 1910년에 우리나라의 국권을 강탈하여 우리나라를 손아귀에 넣고 총칼을 앞세워 무단 정치를 실시했다.

이런 상황에서 관순의 아버지는 민족 교육에 뜻을 두고 흥호 학교를 설립했다.

"우리나라를 빼앗아 간 일제로부터 나라를 되찾기 위해서는 교육에 힘써야 해."

"배우는 것만이 독립의 지름길임을 명심하거라."

아버지의 말을 듣고 나서부터 관순은 '어떻게 하면 나라에 보탬이 될 수 있을까?' 하는 생각을 종종 했다.

이때부터 관순은 이른 새벽에 뒷산 매봉에 올라 자유를 잃고 신음하는 백성들을 구할 수 있는 큰 힘을 갖게 해 달라고 기도했다.

다음 날도 관순은 새벽녘에 일어나 매봉에서 기도를 하고 콧노래를 부르며 가벼운 발걸음으로 내려왔다.

우리의 웃음은 따뜻한 봄바람
훈풍을 만난 무궁화 동산.
우리의 눈물이 떨어질 때마다
또다시 소생하는 2천만
잘 자라라 3천리 무궁화 동산
잘 살아라 2천만의 민족.

이 노래는 그 당시 슬픔에 빠진 아이들에게 희망을 주기 위해 교회 주일 학교에서 가르쳐 준 노래였다.

관순이 집에 돌아오니 아침 일찍부터 삼촌과 아버지가 이야기를 나누고 있었다.

아버지는 관순을 불렀다.

"관순아, 이리 좀 들어오너라."

관순은 방으로 들어가 삼촌에게 인사를 하고 아버지 옆에 얌전하게 무릎을 꿇고 앉았다.

"관순아, 네게 기쁜 소식 한 가지를 말해 주려고 이렇게 아침 일찍 왔다."

삼촌이 얼굴에 웃음을 가득 띤 채 말했다.

"기쁜 소식이라뇨, 삼촌?"

"궁금하지?"

"네, 삼촌! 무슨 일인데요?"

삼촌은 큰기침을 한 번 하더니 말을 꺼냈다.

"어젯밤 감리교 순회 선교사가 오셔서 너를 새 학기부터 경성에 있는 이화학당*에 보내 주기로 하고 가셨다."

선교사는 미국인으로 용두리에 전도하러 왔으며 그녀는 언제나 친절하고 상냥해서 마을 사람들이 모두 좋아했고 관순도 잘 따르던 사

람이었다.

　선교사는 마을 사람 중에서도 총명한 관순에게 특히 관심을 두고 대했었다.

　그리고 관순의 부모에게 관순을 경성으로 유학 보낼 것을 당부하기도 했었다.

　그런 선교사의 특별한 배려로 관순은 입학 허가를 받을 수 있었다.

　"네? 이화학당에 유학을……?"

　관순은 너무도 뜻밖의 일이라 어리둥절했다. 선교사가 자기를 귀여워해 주는 것까지는 짐작했으나 그렇게까지 생각하고 있는 줄은 몰랐다.

　"다음 학기가 시작되기 전까지 너는 더욱 열심히 공부해

이화학당

현재 이화여자고등학교의 전신으로, 조선시대 선교사 스크랜튼 부인이 세운 '한국 최초의 사립여성 교육기관'이다. 기독교 교육을 바탕으로 여성의 고등 교육을 지향한 이화 학당은, 지금까지도 수많은 한국 여성 인재를 배출해 오고 있다.

이화 학당 복원 모습

야 한다. 알겠지?"

"네, 삼촌."

아버지도 관순이 유학하러 가서 공부를 더 하게 된 것을 기뻐하며 격려해 주었다.

역사 속으로

강화도 조약

10년 동안 정권을 잡았던 흥선 대원군이 물러나자 조선의 정권은 명성황후를 중심으로 한 민 씨 세력이 장악하게 되었다. 집권 세력이 바뀌자 외교 정책에도 변화가 나타났다. 중국 위주의 외교 관계에서도 점차 벗어나기 시작했는데, 여기에는 중국을 자주 왕래하여 국제 사회의 움직임에 민감했던 박규수 등의 통상 개화론이 크게 작용하였다.

이때, 일본이 조선에 교섭할 것을 적극적으로 요구해 왔다. 메이지 유신을 통해 새로운 국가 체제를 마련한 일본은 근대화에 필요한 자원과 상품 시장을 마련하기 위해 서구 열강보다 먼저 조선에 진출하려 하였다. 그러나 민 씨 정권의 불안한 태도 탓에 개방이 지연되자 조선에 대한 통상을 강요하기 위하여 1875년 운요호 사건을 일으켰다. 일본은 이 사건을 구실로 조선에 통상 조약을 맺을 것을 강요하였다. 이는 서양 열강이 군사력을 앞세워 아시아 국가들에 강요한 방식을 본뜬 것이었다.

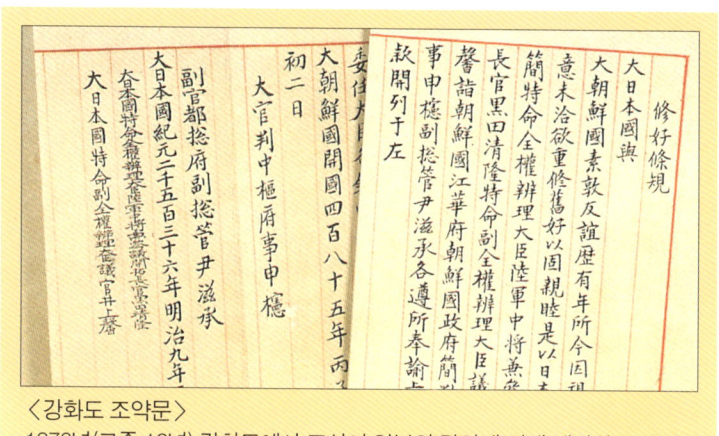

〈강화도 조약문〉
1876년(고종 13년) 강화도에서 조선이 일본의 강압에 의해 체결한 조약이다.

 일본의 전권대신 구로다는 군함 3척, 수송선 3척과 병력 600여 명을 이끌고 부산항에 머물며 조선을 위협하였다. 이어 강화도에 400명의 병력과 군함을 보내어 위협적인 행동을 하면서 회담을 열자고 하였다. 조선 정부는 일본의 행위를 야만적이고 침략적이라고 비난하면서 그들과 대화하기를 거부하였다.

 그러나 조선의 일부 관리들은 서양의 과학 기술이 필요하다는 것을 일찍부터 알고 있었다. 따라서 일본과 통상을 하여 서양 문물을 받아들여야 한다는 주장도 있었다. 이러한 대내외적 상황

　속에서 1876년 강화도에 두 나라 대표가 모여 조약을 맺으니, 이것이 바로 강화도 조약(조일 수호 조규)이다.

　강화도 조약은 우리나라가 외국과 맺은 최초의 근대적 조약으로, 여러 가지 면에서 중요한 의미가 있다. 이 조약에 따라 조선은 부산, 원산, 제물포(인천)의 세 항구를 개항하고, 개항장의 일정 지역에 일본인이 거주하는 것을 허용하였다.

　강화도 조약에서는 조선이 자주 국가임을 밝혔지만, 조선에 불리한 규정이 포함되어 있었다. 일본이 조선의 해안을 자유롭게 측량하는 것을 허용하고, 치외법권을 인정하여 일본인들이 조선에 와서도 일본 법에 따라 보호를 받을 수 있게 한 것이 불평등한 내용의 대표적인 예이다.

　그 후, 조선은 미국, 영국 등 서양 열강과도 차례로 수호 통상 조약을 체결하여 문호 개방을 확대하고, 세계사의 흐름에 합류하게 되었다. 그러나 이들 서양 각국과 맺은 조약도 치외법권을 인정한 불평등 조약이었다.

설레는 경성 유학

그날 이후, 관순은 며칠 동안 밥도 제대로 먹지 못하고 잠도 제대로 못 잔 채 흥분에 들뜬 나날을 보냈다.

이렇듯 들뜬 나날을 보내는 동안 어느덧 3월이 되어 봄기운이 감돌았다.

'이제 앞으로 한 달 후면 어엿한 이화학당 학생이 되는구나. 아, 어서 빨리 그날이 왔으면……'

이렇게 관순이 생각에 잠겨 있을 때 관순의 친구들이 집으로 찾아왔다.

"관순아, 우리 냉이 캐러 가자."

"넌 요즘 우리와 통 놀지도 않고 집에서 대체 뭘 하는 거니?"

찾아온 친구들은 관순이 도통 얼굴을 보이지 않는 것에 대해 불만을 터뜨렸다. 관순은 미안한 마음이 들었다.

"미안하다, 얘들아! 마음이 가라앉질 않아서 말이야. 지금 곧 준비할 테니 같이 냉이나 캐러 가자!"

이윽고 이들은 매봉 기슭으로 향했다. 산에는 벌써 파릇한 풀들이 돋아나고 있었다.

관순과 다른 소녀들은 땅에 쪼그리고 앉아 냉이 캐는 것을 뒤로 미룬 채 곧 헤어져야 하는 섭섭함을 나누었다.

"얘, 관순아! 너 경성에 가도 우리 안 잊을 거지?"

"물론이야. 내가 어떻게 너희들을 잊어."

"그래도 경성에서 다른 친구들이 생길 것 아니니?"

"그렇다고 해도 너희들을 잊지 않을게!"

관순은 몇 번이나 되풀이해서 섭섭해하는 친구들을 달랬다.

많은 이야기를 나누고 해 질 무렵에야 산에서 내려온 이들은 못내 헤어지기 아쉬운 듯 무거운 발걸음으로 집으로 향했다.

드디어 3월 26일이 되었다. 이제 하루 뒤면 경성으로 떠나야 했다.

그날도 아침 일찍 일어나 매봉에 올라서서 기도를 드리던 관순은 마을과 집안의 평안을 빌었다.

"하느님, 용두리 모든 사람을 굽어살펴 주옵소서."

관순은 산에서 내려와서는 여러 교우와 신도들에게도 작별 인사를 해야겠다고 생각하여 용두리 교회로 발길을 옮겼다.

교회에서는 마침 삼촌이 설교를 끝냈다. 관순을 본 삼촌은 교인들에게 관순의 경성 유학을 알렸다.

"우리 교회 학교의 학생인 유관순이 내일 드디어 이화학당으로 가게 되었습니다. 이는 하느님의 특별한 은혜이니 우리 모두 관순 양의 유학을 축하해 줍시다."

"정말 잘 됐구먼! 축하한다, 관순아!"

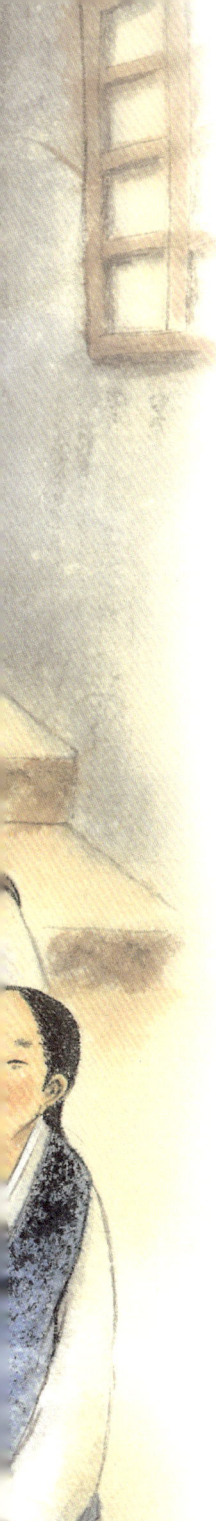

"열심히 공부하고 오겠습니다."

인사를 마치고 기도를 함께 올린 후 교회를 나선 관순은 집으로 돌아왔다.

'드디어 내일이면 나도 흰 저고리에 까만 치마를 입은 여학생이 되는구나.'

일찍 잠자리에 든 관순은 이런 생각 저런 생각으로 잠이 오지 않았다. 부모님을 두고 떠나는 것이 마음 아프기도 했고 사랑하는 형제들과 떨어져야 하는 것도 마음에 걸렸다.

새벽녘에야 겨우 잠이 든 관순은 아침 일찍 일어났다.

아침을 먹고 부모님께 하직 인사를 하려 하자 관순의 뺨에 눈물이 흘러내렸다. 겨우 열네 살의 나이로 부모님 곁을 떠나야 한다는 것이 슬펐기 때문이다.

"아버지 어머니, 경성 가면 편지할게요."

관순이 하직 인사를 하자 아버지는 고개를 끄

덕이며 잘 다녀오라고 했다. 옆에 있던 어머니도 눈물을 훔치며 관순의 얼굴을 어루만졌다.

"잘 다녀오너라. 부디 몸조심하고……."

"네, 어머니……."

"조심해 가거라."

"관순아, 공부 열심히 해라!"

"그래, 잘 있어."

관순은 사람들과 아쉬운 작별 인사를 뒤로하고 역으로 향했다.

'왜 이리 자꾸만 눈물이 나는 걸까?'

"관순아, 울지 말거라. 경성에 가서 공부하더라도 방학 때면 집에 내려와서 사람들을 만나면 되잖니?"

선교사는 부드러운 말로 관순을 달랬다.

그날따라 우뚝 솟은 매봉의 웅장한 모습이 관순에게 힘을 주는 것 같았다.

'그렇다! 나는 정든 이곳과 잠시 이별할 뿐이다. 훌륭한 일꾼이 되어 다시 돌아오마, 매봉아!'

관순은 다시 한 번 두 손을 꼭 쥐고 정든 고향을 둘러보며 선교사의 뒤를 따랐다.

감리교 충청도 본부가 있는 공주에서 사흘을 보낸 관순은 드디어 꿈에 그리던 경성역에 도착했다. 경성에는 비가 보슬보슬 내리고 있었다. 이때가 1915년이었다.

관순은 선교사를 따라 생전 처음 타 보는 인력거에 올라 말로만 듣던 경성 거리를 살펴보았다.

바삐 오가는 사람들과 땡땡 종을 치며 달리는 전차, 소문으로만 들었던 숭례문을 휘둥그런 눈으로 지켜보는 가운데 인력거는 목적지에 도착했다.

눈앞에는 나무가 우거진 뜰과 붉은 벽돌로 이루어진 아름다운 학교가 있었다.

"이곳이 이화학당이란다. 여기엔 기숙사도 있으니 그곳에서 생활하면 된단다."

이화학당은 1886년 미국 감리교 선교사 스크랜튼 부인이 설립한 사립 여자 교육 기관이었다. 처음에는 단 한 명의 학생으로 교육을 시작한 이화학당은 그 후 학생들이 늘

이화 여고에 있는 유관순 열사의 동상과 충남 천안시 구미산에 있는 아우내 독립 만세 운동 기념비.

어 여성 전문 교육 기관으로 자리 잡아 갔다.

이화학당은 보통과를 비롯하여 고등과, 대학과가 설치되어 있었으며 수많은 여성 인재를 배출해 냈다.

관순은 두근거리는 가슴을 진정시키며 선교사를 따라 건물 안으로 들어갔다. 곧 선교사는 프라이 교장 선생을 만나 관순을 소개했다.

"어서 와요, 관순 양."

프라이 교장 선생은 관순을 반갑게 맞으며 열심히 공부하여 훌륭한 사람이 되라고 당부했다.

선교사와 프라이 교장 선생이 잠깐 이야기를 나누고 있을 때, 소식을 듣고 찾아온 관순의 사촌 언니 유예도가 달려왔다.

"관순아! 이게 얼마 만이니?"

"예도 언니!"

두 사람은 와락 껴안은 채 한동안 기쁨을 감추지 못했다. 관순은 낯선 곳에서 그리운 언니를 만나니 힘이 생기는 것 같았다. 그리고 이화학당의 생활을 잘해 나갈 수 있을 것 같았다.

선교사와 작별하고 프라이 교장 선생과도 인사를 끝낸

〈심슨 홀 Simpson Hall〉
이화 학당 때의 건물로 현재 이화 여고에 있다.

관순은 예도 언니를 따라 기숙사가 있는 2층으로 올라갔다.

"관순아, 여기가 네가 있을 방이다. 이 방에는 너 말고도 다섯 명의 학생이 더 있어."

예도가 방문 앞에 서서 말했다. 이윽고 방문을 연 예도와 관순을 향해 여러 명의 시선이 몰렸다.

"얘들아, 여기서 지낼 이 아이는 내 사촌 여동생 유관순이야. 앞으로 친하게 지내!"

"어서 와요. 함께 지내게 되어 반가워요."

"입학을 축하해요."

친구들이 모두 관순을 환영했다. 관순은 머리를 앞으로 굽히며 인사를 했다.

"앞으로 잘 부탁합니다."

관순은 기숙사 방에 짐을 놓아두고 예도를 따라 다시 학교 안의 여러 곳을 둘러보았다.

유난히 커다란 건물이 관순의 눈에 띄었다.

"예도 언니, 저곳은 무엇을 하는 곳이야?"

〈유관순 우물터〉
유관순 열사와 친구들이 빨래를 하였던 우물터이다.

"응, 강당인데 학생들이 예배를 보기도 하고 교장 선생님의 훈화를 듣기도 하는 곳이야."

"잠깐만 들어가 봐도 될까?"

"그러렴."

관순은 커다란 문을 열고 들어갔다. 그곳에는 교회에서나 보던 풍금이 놓여 있었다. 관순은 조용히 무릎을 꿇고 자신을 이곳까지 오게 해 주신 하느님께 감사 기도를 드렸다.

"저를 이 학교에 보내 주셔서 감사합니다. 앞으로 제가 학교생활을 잘해 나갈 수 있도록 용기와 지혜를 주옵소서."

한참 동안 나오지 않는 관순을 기다리던 예도는 문을 열고 살며시 관순의 옆으로 다가갔다.

"뭐 하고 있었니?"

"응, 기도를 드리고 있었어."

"기도 다 끝났으면 어서 저녁 먹으러 가자."

"그래, 언니."

잠시 후 상급생이 대표로 감사 기도를 하고 나서 관순은 이화학당 식당에서 처음으로 식사를 했다.

"저녁 식사도 했으니 방에 들어가 푹 쉬어."

"응, 고마워, 언니."

'취침 예비종이 울릴 때까지 책을 보자.'

소등 소리가 울리자 관순은 불을 끄고 잠자리에 들었다.

그러나 잠이 오지 않았다.

'내가 잘 해낼 수 있을까?'

관순은 미래에 대한 불안함과 설렘으로 잠을 이룰 수 없었다. 이튿날 관순은 보통과 2학년에 편입하게 되었다. 그리고 예도 언니는 고등과 2학년으로 진급했다. 또 같은 기숙사 방을 쓰는 서명학이라는 학생은 관순과 같은 반이 되었다.

관순은 서명학과 친해지면서 같은 반 다른 친구들과도 점점 친하게 어울릴 수 있었다.

국현숙, 김복순, 김희자, 서명학 등은 이때 사귀었던 관순의 친구들*이었다.

관순은 천성이 명랑하고 쾌활한 탓에 곧 이화학당에서 모르는 사람이 없었다. 줄넘기와 달리기는 물론이고 남이 하기 싫어하는 귀찮은 일도 자기 일처럼 신나게 했다. 관순은 기숙사에서 모범생이 되었으며 공부도 열심히 했다.

"저 애가 이번에 2학년에 편입한 유관순이지?"

관순의 친구들

유관순은 이화학당에서 친구 서명학, 국현숙, 김복순, 김희자와 함께 결사대를 조직했다. 그들은 태극기를 만들어 몸에 지니기로 했고, 훗날 1919년 3월 1일에 유관순이 만세 시위에 참여하는 데 힘을 준 동지들이었다.

이화 여고(옛 이화 학당)의 교문인 사주문

"그래, 마음씨도 곱고 아주 명랑하며 줄넘기도 잘한다고 그러더라."

이처럼 관순은 친구나 선후배 사이에서 칭찬이 자자했다. 한번은 이런 일도 있었다.

저녁 식사 시간이었는데 관순이 보이지 않자, 예도는 학교 안을 뒤지며 관순을 찾아다녔다.

'아니, 이 시간에 어디에 간 거지?'

예도는 이곳저곳을 찾아 헤매다 기도실로 달려가 보았다. 거기에서 관순은 혼자 기도하고 있었다.

기도하는 모습이 너무나 숙연한 나머지 예도는 조용히 관순의 기도가 끝나기를 기다려야 했다.

"언니?"

기도를 마친 관순이 놀라서 물었다.

"관순아, 기도를 하는 것도 좋지만 밥도 안 먹고 병이라도 나면 어떡하려고 그러니……?"

예도는 관순을 나무라며 빨리 밥 먹으러 가자고 재촉했다.

"괜찮아요. 난 배고프지 않아."

"무슨 소리니?"

"그럴 이유가 좀 있어요."

예도가 아무리 함께 가자고 해도 관순은 고집을 꺾지 않았다. 이때 관순의 친구 서명학이 기도실로 들어왔다.

"관순아, 너 또 금식했니?"

"금식? 명학아, 너 그게 무슨 소리야?"

예도가 서명학에게 궁금하여 물었다.

"우리 반 학생 중에 식비를 못 내는 애가 있거든요. 관순이가 요즘 매일 그 아이에게 저녁밥을 먹이고 있어요."

"뭐?"

예도는 눈물이 핑 돌았다. 자기 밥을 친구에게 주고 기도를 드리는 사촌 동생 관순의 마음씨가 기특하기만 했다.

'난, 그런 줄도 모르고 자꾸 밥 먹으러 가자고만

했으니…….'

"뭐? 그게 사실이야?"

소문은 삽시간에 퍼졌다. 학생들은 앞다투어 모금에 동참했다.

"나도 낼게."

결국 이 사실은 프라이 교장 선생의 귀에까지 들어갔고 관순은 표창받게 되었다.

어느새 여름 방학이 되었다. 관순은 여러 친구와 작별하고 예도 언니와 함께 고향으로 가는 기차에 올랐다.

그리고 얼마 후 천안역에 내린 이들은 집을 향해 뜨거운 뙤약볕 속으로 걸어갔다. 매우 무더운 날씨였지만, 그리운 집과 보고 싶은 가족, 친구들 생각으로 관순의 머릿속에 꽉 차 있었다.

역사 속으로

을사늑약

1905년 11월 일본이 대한 제국의 외교권을 빼앗기 위하여 강제로 체결한 조약으로, 제2차 한일협약 혹은 을사늑약이라고도 한다.

경과

대한 제국을 강탈하기 위해 기회를 엿보던 일본은 1904년 2월 한일 의정서를 강제로 체결하고, 그 이듬해인 1905년 11월 이토 히로부미를 특파 대사로 파견하여 한일 협약안을 조선 정부에 제출했다. 대한 제국 정부에서는 어전회의를 거쳐 일본의 한일 협약안을 거부하는 쪽으로 결론을 내렸다.

다급해진 이토 히로부미는 주한 일본군 사령관 하세가와 요시미치와 함께 대한 제국 정부에 회의를 다시 열 것을 주장하고, 조정 대신들에게 가부간 결정을 내리라고 강요했다. 그 결과 한규설, 민영기, 이하영은 절대 반대했으나 이완용과 이근택, 이지용, 박제순, 권중현 등은 약간의 수정을 조건으로 찬성했다. 한

일 협약안을 수정, 찬성한 이들이 바로 을사오적이다.

이토 히로부미는 찬성을 표시한 이완용, 이근택, 이지용, 박제순, 권중현 등을 따로 모아, 서명하게 함으로써 결국은 강제로 모든 절차를 끝냈다.

5개 조로 되어 있는 이 조약문은 외교권의 접수, 통감부 설치 등을 규정하고 있는데, 이로써 조선의 대외 교섭권이 박탈되어 외국에 있던 우리나라 외교 기관은 모두 폐쇄되고 말았다.

〈이토 히로부미〉
대한 제국을 강탈하는 데 앞장선 일본의 정치가이자 관료이다.

1906년 2월에는 서울에 통감부가 설치되었고, 초대 통감으로 부임한 이토 히로부미는 본래 규정인 외교 사무뿐만 아니라 내정 전반에 걸치는 명령권과 집행권도 행사했다.

조약의 강제 체결 소식이 전해지자, 장지연은 11월 20일 자 <황성신문>에 '시일야방성대곡'이라는 논설을 발표하여 일본

의 침략성을 규탄했다. 그뿐만 아니라 을사늑약에 분개한 민영환과 조병세 등은 그 분을 참지 못하고 스스로 자결했으며 민종식, 최익현, 신돌석 등은 대규모의 의병을 일으켜 무력 투쟁을 시작했다.

한편, 고종은 네덜란드의 헤이그에서 열린 제2차 만국 평화 회의에 이상설, 이준, 이위종을 특사로 보내 을사늑약의 불법성을 호소하려 했으나 이 또한 일본의 방해로 그 뜻을 이루지 못했다.

결과

일제는 헤이그 특사 파견의 책임을 물어 고종을 퇴위시키고 우리나라의 외교권을 강탈함은 물론 내정에 더 깊이 관여했다. 그리고 그해 7월에는 정미 7조약을 체결하고 군대 해산령을 내려 대한 제국을 무력화시켰다.

고종 황제의 죽음

한달음에 십 리 길을 달려온 관순은 예도와 작별하고 집으로 가는 고개에 다다랐다.

오빠 우석이 마중을 나와 있었다.

"오빠!"

"잘 지냈느냐?"

서로 그동안의 안부를 물으며 집으로 돌아오자, 온 식구들이 모두 뛰어나와 관순을 반갑게 맞아 주었다.

관순은 어머니를 부둥켜안은 채 한참이나 있었다. 곁에

서 바라보던 아버지도 기쁜 표정을 감추지 못했다.

아버지는 관순에게 자신이 운영하던 흥호 학교가 결국 재정난으로 문을 닫게 되었다고 말했다. 그러자 관순은 눈물을 글썽이며 서운해했다.

그리고 하루가 지난 후, 관순은 공주 양명 학교 고등과에 다니다 방학을 맞아 온 오빠 우석과 상의하여 흥호 학교가 없어진 후 서당에 다니고 있는 아이들을 모아 신학문을 가르치는 강습소를 열기로 했다.

아버지도 매우 훌륭한 생각이라고 칭찬하며 격려해 주었다.

이 이야기를 들은 삼촌은 교회를 공부 장소로 내주었다.

이에 힘을 얻은 관순과 우석은 여러 집을 돌아다니며 그 뜻을 전하고 아이들을 모아 그날부터 강습소를 열었다.

날이 갈수록 마을 아이들은 성황을 이루어 그 넓던 교회가 가득 찼다.

관순과 우석은 피곤도 잊은 채 매일같이 한글과 수학 등을 가르쳤다. 그뿐만 아니라 난생처음 들어 보는 나라 이야기며 신기한 자연에 대해서도 열심히 가르쳤다.

이러한 관순과 우석의 노력 덕분에 방학이 거의 끝날 무렵에는 용두리 마을에 살고 있는 거의 모든 아이가 한글을 익혔으며 셈도 곧잘 했다.

한 달 남짓한 여름 방학 동안 시간 가는 줄도 모르고 열심히 가르친 결과였다.

관순은 검게 그을린 건강한 얼굴로 이화학당에 다시 돌아왔다. 같은 기숙사 방을 쓰고 있던 친구들은 저마다 고향에서 있었던 일들을 이야기하느라 정신이 없었다.

그런데 관순이 방으로 들어가자 이미 선교사를 통해 관순의 소식을 들은 다른 학생들은 모두 관순이 훌륭한 일을 했다며 칭찬을 아끼지 않았다.

그 후에도 관순은 다시 학교생활에 모범을 보이며 즐거운 마음으로 열심히 공부했다.

그러면서도 나라의 장래를 걱정하며 아버지의 말씀을 되새겼다.

'열심히 배워 힘을 길러야 한다!'

관순은 틈나는 대로 책을 읽었다. 관순은 여러 위인의 삶에 깊은 감명을 받았다.

특히 예도 언니에게 빌려 본 『잔 다르크』라는 책은 관순의 마음을 완전히 사로잡았다.

용두리 마을에서부터 계속 읽어 온 성경이 관순을 신앙심으로 뭉치게 했다면 『잔 다르크』*는 관순에게 조국에 대한 사랑과 사명감을 일깨워 주었다.

죽음을 두려워하지 않고 조국 프랑스를 구한 소녀 잔 다르크! 그러나 잔 다르크는 자신의 공적에도 불구하고 악마로 낙인찍혀 화형당하는 운명을 맞는다.

'나도 잔 다르크처럼 나라를 구하는 데 앞장서야지.'

이러한 날들이 반복되는 동안 어느덧 세월이 지나 보통

잔 다르크(1412~1431)

15세기 전반 영국 랭커스터 왕가와 프랑스 발루아 왕가 사이의 백년 전쟁에서 '조국을 구하라'는 신의 계시를 받고 조국 프랑스군의 선봉에서 용기를 북돋아 나라를 구한 애국 소녀.

잔 다르크의 기마상

과를 졸업하고, 다시 이화학당 고등과 1학년에 입학하게 되었다.

그해 여름 방학 때도 고향에서 강습소를 열어 많은 칭찬을 들었다.

그러는 사이 또다시 세월이 흘러 곧 두 달만 있으면 고등과 2학년으로 진급하게 되는 1919년이었다.

나라의 운명은 단 하루 앞도 점칠 수 없을 정도로 바람 앞의 등불과도 같았다.

관순이 이화학당과 고향에서 자신의 몫을 다해 내는 동안, 우리 민족의 역사는 일제의 만행에 시달리며 이어져 왔다.

조선의 제26내 왕인 고종이 즉위한 지 56년 만인 1919년, 그동안 아버지인 대원군이 통치하기도 하고, 왕비인 명성 황후의 권력 다툼도 있었으며, 국내외적으로 크고 작은 민란과 침략 전쟁들도 있었다.

특히 일본은 1876년 강화도 조약을 맺은 이후, 우리나라를 조금씩 침범했다. 그들은 동학 농민 운동을 진압해 주는 조건으로 조선에 들어왔다가 청나라와 전쟁을 일으켰다.

그뿐만 아니라 대한 제국의 국모인 명성 황후를 시해했으며 러시아와도 싸워 승리했다.

이에 기세가 등등해진 일본은 강제로 을사늑약을 맺어 우리 나라의 내정을 장악했다. 고종은 이의 무효를 알리기 위해 헤이그에 특사를 파견했다가 발각되어 강제 퇴위당하는 일까지 벌어졌다. 1910년에는 급기야 우리나라와 일본을 합병시키는 조약까지 강제 체결되었다.

명목뿐인 왕위에 오른 순종에 대해 일제는 조선 총독부*를 내세워 사실상 우리나라를 강제로 통치했다.

그리하여 고종은 1월 21일 세상을 떠나기 전까지 덕수궁에 갇혀서 일본의 감시 속에 외롭게 지내야만 했다.

이날 관순은 기숙사 뒤쪽에 있는 나지막한 언덕으로 올

조선 총독부

일제가 1910년부터 1945년까지 우리나라를 지배하기 위하여 설치했던 최고 행정 관청이다. 일제는 식민지 지배에 필요한 입법, 사법, 행정 및 군대 통수권을 집행할 수 있도록 이 관청에 막강한 권한을 집중시켰다.

조선총독부 건물인 구 국립중앙박물관

라갔다. 그곳은 덕수궁 뜰도 보이는, 혼자 사색하기에는 적당한 장소로 예전에도 가끔 올랐던 곳이었다.

사색하던 관순이 우연히 눈을 돌려 덕수궁 쪽을 바라보았다.

'모진 어려움을 겪어 오신 우리 임금님이 저 안에 갇혀 계시다니…….'

불운한 고종을 생각하고 있던 관순은 불길한 예감이 퍼뜩 지나갔다. 다른 날 같으면 궁녀들만 한가롭게 오락가락하던 덕수궁 뜰에 그날은 웬일인지 양복 입은 사람들이 분주하게 드나들고 있었기 때문이다.

'이상하다. 무슨 일이 생긴 건가?'

관순은 고개를 갸웃거리며 그곳에서 눈을 떼지 못했다.

"관순아, 너 뭘 그렇게 쳐다보고 있니?"

"으응? 아유, 깜짝이야. 휴, 너희들이었구나. 얘들아, 이리 와서 저걸 좀 봐! 아무래도 궁궐에 무슨 일이 생긴 것 같지 않아 보이니?"

"어디?"

"정말 그렇구나! 웬 사람들이 저렇게 허둥지둥 돌아다니지? 정말 무슨 일이 생긴 걸까?"

세 사람은 한참 동안 궁궐 쪽을 유심히 살폈지만 끝내 이유를 알 수 없었다.

"이상한 소문이 돌고 있어. 고종 황제께서 돌아가셨대."

"정말이야?"

"고종께서 돌아가신 게 분명해."

"갑자기 돌아가시다니 말도 안 돼."

"급서하셨나 봐."

"그렇다면 대궐에서 큰 소리라도 나야 하는 거 아냐?"

"그야, 잘 모르겠는데."

사람들의 입에서는 고종 황제의 신변에 관한 갖가지 추측들이 오르내렸다.

이튿날, 관순은 또다시 기숙사 뒤의 언덕으로 올라가 보았다. 그곳에는 전날보다도 더 많은 학생이 담 너머 덕수궁을 지켜보고 있었다.

이러한 이상한 기운이 감돌더니 그날 오후, 고종 황제

가 뇌출혈로 급서했다는 공식 발표가 났다.

고종 황제 뇌출혈로 승하하다.

고종 황제의 죽음이 발표되자 수많은 사람이 덕수궁의 대한문 앞에 모여들었다. 또 대궐 안에서는 곡소리가 크게 들려 왔다.
"갑자기 뇌출혈이라니?"
"왜놈들이 고종 황제를 죽인 게 틀림없어!"
"악독한 놈들! 천벌을 받아 마땅한 놈들!"
사람들은 저마다 한마디씩 하며 고종의 죽음을 슬퍼했다. 관순도 고종 황제의 죽음에 눈물을 감출 수가 없었다.
'고종 황제가 돌아가시다니……'
왜놈들에 대한 불신이 쌓여 갈수록 고종이 독살되었다는 소문이 무성해졌다.
"어떻게든 원수를 갚아야 한다!"
오래전부터 나라를 위해 싸우던 애국지사들은 각오를 굳

〈유관순 기념관〉
이화 여고에 있으며 2층에 유관순 열사 전시실이 있다.

건히 하고 이를 악물었다.

그러던 중 고종 황제의 장례식이 3월 3일로 정해졌고, 백성들은 일주일 동안 먼 곳에서 대궐을 향해 곡을 해도 좋다는 공식 발표가 있었다.

고종 황제의 급서로 온 나라가 술렁거리기 전해인 1918년, 미국의 윌슨 대통령은 민족 자결주의를 주장했다.

이는 '세계 각국의 독립은 그 나라 국민이 책임져야 한다.'는 것으로 이는 많은 애국자에게 영향을 끼쳤다.

이렇게 독립의 기운이 높아지고 있을 때 고종의 급서로

말미암아 1919년 2월 8일, 일본의 수도 도쿄에서는 우리나라 유학생들이 중심이 되어 2.8 독립 선언서가 발표됐다.
 드디어 독립운동의 불길이 처음으로 올려진 것이다.
 이러한 소식은 국내에도 전해져 국내 민족 지도자들의 결심을 확고히 하여, 독립운동의 횃불을 들게 했다.
 민족 지도자들은 모두 하나같이 독립운동에 앞장설 것을 다짐했다.
 "어떠한 희생을 치르더라도 꼭 독립을 이루어야 합니다."
 손병희를 비롯한 민족 대표들은 비밀리에 모임을 하고 우리 민족의 독립 열망을 세계만방에 알리기 위해 만세 운동을 계획했다. 천도교, 불교, 기독교 등 종단을 초월해 모두 하나가 되어 일제에 맞서기로 했다.
 "얘들아, 뜻있는 민족 지사들이 독립운동을 벌인대. 우리도 뭔가 도움이 되어야 하지 않겠니?"
 "그런데 관순아, 어떤 방법으로 독립운동을 한다는 거야?"
 "그건 말이야, 독립 선언서를 낭독하고 다 같이 독립 만세를 부르는 거야."

〈민족 대표 33인〉
3.1 운동 당시 독립선언서와 독립통고서에 서명한 33명의 사람들이다.

관순은 자신이 소문을 통해 주워들은 이야기를 하나씩 친구들에게 해 주었다.

"우리 민족의 주장을 세계에 알리면 제아무리 악독한 왜놈들이라 할지라도 별수 없을 거야."

"왜놈들이 가만있을까?"

"그야 물론 총과 칼로 우리를 겨누겠지. 하지만 저 유명한 프랑스의 애국 소녀 잔 다르크처럼 죽음도 두려워하지 않는 용기로 대항하면 왜놈들도 두 손을 들겠지."

관순은 얼굴이 시뻘겋게 달아오른 채 강한 음성으로 친

구들에게 이야기했다.

"독립 만세는 언제 부르는데?"

"고종의 장례식 이틀 전에 예정되어 있다고 하더라. 그러니까 3월 1일이지."

관순의 차근차근한 설명에 나머지 다섯 소녀는 벌써 만세를 부르고 있는 듯한 기분이 들었다.

"맞아, 나라를 되찾는 일에 우리라고 가만있을 수는 없지. 우리도 결사대를 조직하여 앞장서는 게 어떨까?"

"좋아, 그렇게 하자."

관순과 함께 조직된 여섯 명의 소녀 결사대는 이날부터 가지고 있던 용돈을 모두 털어 무명천을 사다가 태극기를 만들기 시작했다.

계획한 대로 비밀리에 3.1 운동을 준비하던 관순은 오직 3월 1일만을 손꼽아 기다렸다.

'아! 이날의 큰일을 위해 내가 열여덟의 나이까지 살아왔구나! 조국을 위해 이 한 몸 바치는 것이 뭐

가 두려우랴!'

관순은 속으로 이렇게 다짐했다.

이화학당의 상급생들은 조직적인 참여를 계획하고 있었다. 그러나 하급생들을 보호하는 차원에서 이들의 참여를 만류하고 있었다.

이에 아랑곳하지 않고 여섯 명의 소녀 결사대는 자신들이 준비한 태극기를 숨기고 몰래 학교를 빠져나갈 궁리를 했다.

"상급생들한테 걸리면 안 될 텐데."

"상황에 따라 대처하면 되지 뭐!"

이윽고 3월 1일 아침이 밝았다.

상급생들은 이미 교문 밖으로 나간 상태였으며 거리는 많은 사람으로 붐볐다.

관순을 비롯한 소녀 결사대는 기숙사 뒤의 언덕에 올라 덕수궁 쪽을 바라보았다.

"사람들만 분주할 뿐 아무런 기미도 없잖아."

드디어 정오가 되었다.

"만세! 만세!"

"대한 독립 만세!"

탑골 공원에서 시작된 시위행진은 대한문 앞까지 이어졌다. 그 후 일부 사람들은 총독부를 향해 계속 만세를 부르며 행진했다.

"우리도 나가자!"

"잠깐만!"

관순이 친구들과 함께 교문을 빠져나가려고 했다. 이때 프라이 교장 선생은 학생들의 참여를 말리기 위해 정문을 막았다.

"여러분, 나가면 안 됩니다. 여러분은 나이가 너무 어려서 다치기 쉽습니다."

관순은 교장 선생의 말을 듣고 주춤했지만, 친구들을 이끌고 뒤로 돌아 담을 넘었다.

그리고 나서 이내 밀려오는 만세 행렬에 끼어들었다.

"대한 독립 만세!"

"대한 독립 만세!"

잔혹한 일제의 양민 학살 장면 모형(독립 기념관)

억눌렸던 가슴으로 만세를 부르는 동안 한쪽에서는 수많은 사람이 일제의 헌병에 의해 하나둘씩 쓰러지기 시작했다.

"탕! 탕! 탕!"

하지만 사람들은 조금도 두려워하지 않았고, 그러면 그럴수록 더 큰 소리로 만세를 불렀다.

은근히 겁이 난 일본 헌병들은 더 많은 수의 헌병들을 집결시켜 군중들을 학살하기 시작했다.

해가 저물도록 만세 소리가 그칠 줄 모르던 거리에는 핏자국이 여기저기 흩어졌으며 무수히 많은 사람이 다치거나 죽어 갔다.

관순과 일행들도 할 수 없이 부근에 있던 집으로 몸을 피하기로 하고 달려가 문을 두드렸다. 그 집에서 나온 점잖은 부인은 두말하지 않고 그들을 숨겨 주었다.

일제의 총소리로 인해 밖의 소란스러움이 가라앉은 후에야 몰래 집에서 빠져나온 그들은 뒷길로 해서 이화학당으로 돌아올 수 있었다.

이화학당 안에서는 여기저기 학생들이 모여 앉아 걱정스러운 표정으로 독립운동의 뒷이야기를 하고 있었다.

그들에 의하면 상급생 중 몇 명이 일본 헌병에게 끌려갔다는 것이다.

그날 저녁 늦게 프라이 교장 선생은 전교생을 강당에 모이게 하고 돌아오지 않은 학생들을 위해 함께 기도했다.

이튿날이 되자 일제 경찰들은 학교 곳곳을 감시하기 시작했다. 그들은 눈에 불을 켠 채, 이화학당의 학생들을 감시했다.

그러던 중 3월 5일 남대문 앞에서 벌어진 학생단 시위에 참여했던 관순은 기어이 경무총감부에 붙잡혀 갔다. 외국 선교사들이 학생들을 석방하라고 요구하자 국제 여론을 의식한 일제는 할 수 없이 학생들을 석방했다.

며칠이 지나자 총독부는 기어이 임시 휴교 명령을 각 학교에 내렸다. 모두 고향으로 내려가라고 학생에게 지시했다.

'그렇다고 독립운동이 끝날 줄 알고? 나쁜 놈들!'

관순은 분한 마음을 억누르며 아쉬운 작별을 해야 하는 친구들과 더욱 독립운동에 앞장설 것을 다짐했다.

"우리가 얼마 동안 헤어지더라도 우리 결사대의 맹세는 서로 잊지 말자!"

"아무렴, 고향에 내려가서라도 우리의 뜻을 펼쳐야지!"

그날 오후, 관순은 예도와 함께 고향으로 가는 기차에 올랐다.

역사 속으로

3·1 운동

배경

우리 민족의 독립운동은 일제의 혹독한 무단 통치 아래에서도 끊임없이 계속되었으며, 해외에 거주하는 우리 동포 사이에서도 활발히 전개되었다.

개항 이후 근대 사회로 발전하는 과정에서 우리 민족은 여러 방향으로 민족 운동을 전개하였으나, 국론을 합의하지 못한 채 문호를 개방함에 따라 여러 외세가 개입하여 우리 민족 스스로 국가 운영 및 발전의 방향을 확고히 하지 못함으로써 민족의 역량을 한곳으로 모으지 못하였다.

기미 독립 선언서

　그러나 국권을 침탈당한 이후에는 독립이 민족의 공통 목표가 되었다. 이에 따라, 가혹한 식민 지배를 받으면서 독립 의지가 더욱 강화되어 전민족적인 독립운동이 일어날 수 있는 여건이 마련되어 갔다.

　해외에 있는 우리 독립운동 단체는 민족 자결주의 제창 소식을 듣고 파리 강화 회의에 대표를 파견하였으며, 독립운동 자금을 모으기도 하였다. 재일 한인 유학생들은 1919년 도쿄에서 조선 청년 독립단을 조직, 한국의 독립을 요구하는 독립 선언서와 결의문을 발표하였다. 이것이 2·8 독립 선언이다.

전개

　국내에서는 제1차 세계 대전이 끝날 무렵인 1918년 말부터 손병희, 이승훈, 한용운 등 종교계를 중심으로 한 국내의 민족 지도자들이 세계정세의 변화에 관심을 가지면서 학생 단체와 연결하여 독립운동을 준비하고 있었다. 그러던 중, 1919년 초 을사늑약에 끝까지 반대하였던 고종 황제가 서거하였는데, 이것이

일제에 의한 독살이라는 소문이 퍼져 민심을 자극하였다. 게다가 도쿄 유학생들의 2·8 독립 선언 소식이 전해지면서 독립운동에 대한 열망이 더욱 높아졌다. 민족 지도자들은 우리 민족의 완전한 자주독립 의지를 국내외에 분명히 밝히기로 하고 독립 선언서를 작성하여 비밀리에 각 지방에 배포하였다.

서울에서는 손병희를 비롯한 민족 대표 33인이 3월 1일 정오에 태화관에서 독립 선언식을 했고, 같은 시각에 학생과 시민들은 탑골 공원에 모여 독립 선언서를 낭독하고 태극기를 흔들면서 독립 만세 시위를 벌였다. 지방 곳곳에서도 독립 선언서를 낭독하고 태극기를 흔들며 만세 시위를 전개하였다.

일본 경찰과 군대는 평화적인 방법으로 독립 만세를 부르는 시위대를 총검으로 무자비하게 진압하였다. 이때, 어린 나이로 천안에서 독립 만세 시위를 주도하였던 유관순은 구속되어 옥중에서 순국하였고, 일본군은 화성 제암리 주민들을 교회에 가둔 채 불을 지르고 총격을 가하는 만행을 저질렀다.

고향에 내려와

 달리는 기차 밖의 풍경은 고요하기만 했다. 푸른 하늘과 봄을 준비하려는 산들은 자연에 새 생명을 불어넣는 듯했다. 하지만 관순의 마음은 조금도 즐겁지 않았다.
 '이렇게 쫓겨나듯 고향으로 내려가다니.'
 경성에서 해야 할 일을 놔두고 온 것 같은 기분이 들었다.
 기차가 천안역에 도착했다. 관순과 예도는 곳곳에 깔린 일본 순사들을 지나쳐 앞으로 나아갔다.
 "어딜 가나 왜놈 천지구나."

예도가 중얼거리는 소리를 들었는지 순사 한 명이 그들을 불러세웠다.

"학생들! 혹시 이번 만세 운동에 가담하고 도망해 온 것 아냐?"

둘은 잠시 뜨끔했으나 시치미를 뚝 뗐다.

"천만에요!"

"흠, 아무래도 수상해."

순사는 관순과 예도의 책 보따리를 풀라고 했다. 성경책이 나오자 더욱 수상하게 여긴 순사는 일단 주재소*로 데려갔다.

"너희들, 이런 성경책으로 공부한답시고 만세 운동에 나간 게 분명하지?"

주재소

주재소란, 일제 강점기에 지금의 순경에 해당하는 일본 경찰인 '순사'가 머무르면서 경찰 사무를 맡아 보던 곳이다. 일본 경찰의 가장 낮은 말단 기관으로, 8·15 광복 이후에는 지서(支署)로 고쳐서 사용하였다.

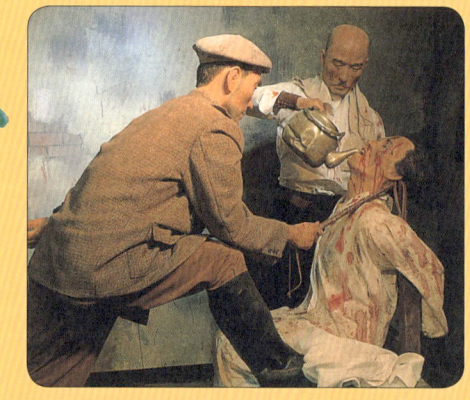

일제 순사가 자행한 고문 장면

"성경책과 만세 운동이 무슨 상관이 있다고 그러세요?"

관순이 순사에게 따지듯 말하자 순사는 더욱 눈을 부라렸다.

"이런 건방진 계집애를 봤나……."

"너희들, 어디 사는 누군지 말해!"

관순은 순사의 태도에 더욱 떳떳하게 말했다.

"아니, 생사람을 잡으면서 협박까지 한답니까?"

"뭐라고?"

일본 순사는 별다른 혐의도 못 찾은 상태에서 관순이 당당하게 나오자 더 이상 붙잡고 있을 수가 없었다.

"돌아가라!"

관순은 주재소를 나오면서 예도와 함께 울분을 삼켰다. 그들은 해가 뉘엿뉘엿 졌을 때야 마을에 도착했다.

아버지와 어머니는 뛰어나와 관순을 반갑게 맞았다.

"애야, 괜찮으냐. 얼마나 걱정이 되었는지 모른다."

어머니는 관순의 얼굴을 어루만지며 그간의 소식을 물었다. 집에는 오빠 우석이 벌써 와 있었다.

온 집안 식구들이 오랜만에 모여 앉아 저녁을 먹으며 관순의 만세 운동 이야기에 귀를 기울였다.
　이야기하던 도중, 관순은 저도 모르게 울분을 이기지 못해 주먹을 불끈 쥐었다.
　"그런데 아버지, 우리 마을에서는 만세 운동을 안 했나요? 어째 마을이 조용하네요."
　관순은 따지듯 아버지에게 마을 사정을 물어 보았다. 관순의 말에 아버지는 한숨부터 쉬었다.
　"하려고 했지만, 왜놈들이 어떻게 알았는지 준비하던 사람들을 모두 잡아갔단다."
　"그렇다고 가만히 있었어요?"
　"섣불리 움직이다가는 사람들이 다칠까 봐 그만……."
　나라가 이 지경인데 관순네 마을만 독립운동에서 빠졌다고 생각하니 관순은 실망스러웠다.
　이튿날 새벽, 관순은 옛날처럼 혼자 매봉에 올라갔다. 아직 이른 봄이어서 새벽녘의 산바람은 차고 매웠다. 산마루에 올라선 관순은 두 손을 모았다.

유관순이 다니던 매봉 교회

"하늘이시여! 우리나라를 구해 주소서! 제가 나라를 구하는 데 작은 힘이나마 보탤 수 있도록 용기를 주소서!"

얼마나 기도를 드렸을까, 갑자기 주위가 밝아지는 느낌이 들었다.

그제야 관순은 눈을 뜨고 사방을 살폈다. 매봉 동쪽에서 아침 해가 찬란히 솟아올랐다.

"아, 정말 눈부신 태양이다! 나라의 독립을 위한 힘찬 희망의 빛일 거야!"

관순은 고향 마을에서도 꼭 만세 운동을 벌여야겠다고 다짐하며 산에서 내려왔다.

아침을 먹은 후 관순은 예도를 찾아갔다.

"언니, 우리가 나서서 이 마을에서도 만세 운동이 일어나도록 해야 할 것 같아요."

그러자 예도도 선뜻 찬성했다.

그들은 함께 용두리 마을의 지도자인 유병기 선생을 찾아갔다.

그리고 관순과 예도는 자신들의 결심을 털어놓았다.

"너희들의 뜻은 정말 갸륵하구나. 하지만 이처럼 큰일은 너희 같은 어린 소녀들이 앞장설 게 아니다. 우리 어른들도 때를 기다리고 있으니까 너희들은 지켜보고만 있거라."

관순과 예도는 실망스러웠다. 그러나 어른 앞에서 더 이상 자신들의 뜻을 내세울 수는 없었다.

그 집에서 나온 관순은 곧바로 아버지와 만세 운동에 관한 일을 의논하였다. 아버지는 도움이 될 만한 사람과의 주선을 선뜻 허락하였다.

"우선 예배를 드리러 가서 그곳에서 도울 만한 사람을 만나는 게 좋겠다. 직접 만나서 네가 설득해 봐라."

그리하여 마을 사람들을 교회로 모이게 한 뒤, 관순은 경성에서 있었던 만세 운동을 자세히 설명했다.

"지금 2천만 동포들은 빼앗긴 우리나라를 되찾기 위해 목이 터지라고 독립 만세를 외치고 있습니다. 그런데 우리 마을 사람들만 가만히 있다는 것은 매우 수치스러운 일입니다. 이제 여러 어른이 함께 나서야 합니다."

관순의 말에 교회에 모인 어른들은 모두 고개를 끄덕였다.

"제가 앞장을 서겠으니 다 함께 독립 만세를 외칩시다!"

관순의 용기를 보고 사람들은 모두 참여하기로 결심했다.

"관순이, 네 말이 옳다. 어린 네가 앞장서는데 우리가 못 할 일이 뭐가 있겠느냐?"

이렇게 하여 용두리를 중심으로 여러 마을에서 음력 3월 1일을 기해 독립 만세를 부르기로 했다.

마을 청년들도 참여하겠다는 뜻을 관순에게 알렸다.

"관순아, 우리도 함께 나서겠어."

"고마워요."

'앞으로 할 일을 마을 어른들과 상의하자. 아, 우리 마을에도 이제 곧 만세 운동의 불길이 일어나겠구나.'

"관순아, 부디 조심해라."

"아이, 걱정하지 마세요."

"행여 몸이라도 다치면 어쩌려고 그러니?"

"별일 없을 거예요."

"관순아, 이 에미도 너와 함께하마. 어린 딸이 큰일을 하는데 내가 그냥 있을 수가 없구나."

"고마워요, 어머니……."

마을 어른들은 독립운동에 몇 가지 원칙을 정하고 행동을 시작했다.

1. 다른 어른들과도 연락할 것
2. 모이는 장소를 자주 바꾸어 일제 경찰에 발각되지 않게 할 것

3. 날짜는 음력 3월 1일로 할 것
4. 연락은 관순과 예도가 맡을 것

  결정이 공식화되자 관순과 예도는 다음 날부터 열심히 거사를 알리러 돌아다녔다. 일부러 장 보는 옷차림으로 꾸민 그들은 누구의 의심도 받지 않았다.
  예도는 멀리까지 걸어 다니는 일이 빈번하여지자 그만 병이 나고 말았다. 관순도 발이 퉁퉁 부었으나 모든 마을에 연락하는 일을 그만둘 수는 없었다.
  관순이 만난 마을 어른들은 한결같이 그녀를 격려해 주며 거사의 동참을 다시금 다짐했다.
  "어린 너의 용기에 감동했다. 우리 모두 힘을 합쳐 보자!"
  이렇게 해서 청주에 방하울, 자포실 등 관순이 들를 수 있는 모든 마을에 가서 거사 계획을 알렸다.
  그러던 어느 날, 관순은 여느 때와 마찬가지로 새벽녘에 일어나 혼자 인근 마을을 돌아다녔다. 발목이 시큰거릴 정도로 열심히 일하다 보니 벌써 해가 서산에 지고 있었다.

집으로 가자면 호랑이가 나온다는 무시무시한 드무실 고개를 한밤중에 넘어야 할 판이었다.

사람들은 늦었으니 쉬고 다음 날 가라고 관순을 말렸다. 그런데도 불구하고 관순은 다음 날의 목적지로 향하는 데 차질이 생길까 봐 짐을 다시 꾸렸다.

관순은 마음을 굳게 먹고 걱정스러워하는 동네 사람들을 뒤로하고 호랑이가 나온다는 드무실 고개로 향했다.

"처자가 이 밤중에 혼자 어떻게 고개를 넘으려고 그러지?"

"대단한 처자야."

"무슨 일이라도 나면 어떡하지."

유관순을 보내는 마을 사람들은 한마디씩 하며 가는 길이 무사하기만을 빌었다.

유관순이 고개를 막 내려설 무렵이었다. 숲속 저만큼에서 눈에 파란 불을 켠 호랑이가 나타났다.

사방으로 불빛이라곤 보이지 않았으며 인적조차 없이 별빛만 길을 밝혀 줄 뿐이었다.

'저 호랑이를 왜놈이라고 생각하자! 그렇다면 내가 먼저

겁을 먹어서는 안 되겠지.'

이렇게 다짐하며 호랑이를 똑바로 바라보자 하나도 무섭지 않았다. 이윽고 호랑이도 관순의 주위를 어슬렁거리다 다른 쪽으로 갔다. 관순은 안도의 숨을 내쉬면서 찬송가를 부르며 고개를 내려왔다.

이윽고 멀리 마을의 불빛이 보였다. 마을 사람들은 어두운 밤에 처자 혼자서 그 무서운 드무실 고개를 넘었고, 게다가 호랑이를 만났는데도 아무 일이 없었다는 말을 듣자 모두 놀랐다.

"관순이는 예사 사람이 아닌가 봐. 호랑이도 다 피해 주다니."

사람들의 벌어진 입을 보자 관순은 자기도 모르게 용기가 솟았다고 설명했다.

다음 날도 관순은 쉬지 않고 이웃 마을을 두루 돌아다녔다.

험한 산과 고개를 넘느라 온몸이 성한 데가 없을 정도였다.

이렇게 해서 관순이 거사를 알린 곳은 천안을 중심으로 하여 진천, 청주, 조치원, 연기, 온양 등의 마을이었다. 이제 계획한 대로 거사를 치르는 일만 남게 되었다.

그러는 사이 마침내 음력 2월 그믐날이 되었다.

그날 밤, 일찍 저녁을 먹은 관순은 동생 인석과 동생 친구인 제한에게 횃불을 준비하게 하여 함께 매봉으로 올라가기로 했다.

"준비가 다 되면 음력 2월 그믐날, 봉화*를 올려 주세요. 하나라도 빠지면 사고가 난 것으로 생각하겠습니다."

관순은 마을을 다니며 최종 확인을 하기로 했다. 바로 그날이 된 것이다.

어머니는 한밤중에 매봉으로 오르는 관순이 걱정되었다.

봉화

산봉우리에 횃불을 올려 소식을 알리던 통신 제도. 정치·군사적 전보의 기능을 한 봉화의 기원은 가락국의 시조 수로왕이 사용했다는 기록이 <삼국유사>에 전한다. 그 후 파발·역참 제도와 병행되다가 1894년 현대적 통신체제가 도입됨에 따라 차차 사라져 갔다.

유관순 열사가 거사의 신호탄으로 썼던 매봉산 봉화지 유적

"이 밤중에 괜찮겠냐?"

"동생들과 함께 갈 것이니 걱정하지 마세요, 어머니!"

두근거리는 마음으로 산에 오른 관순은 한 번도 입을 열지 않았지만 일이 잘되기만을 속으로 빌고 또 빌었다.

'하나도 빠짐없이 모든 마을에서 봉화가 올라야 할 텐데……'

"우리도 어서 봉화를 올리자!"

"주위를 잘 살펴봐!"

"누나, 저기 봉화가 하나 보여!"

"우감산 꼭대기야! 누나! 저기 우감산 너머 강당산과 돌산, 세성산에서도 봉화가 타오르고 있어!"

그리고 얼마 후에는 관순이 돌아다니며 미리 약속을 받아 두었던 스물네 군데 모든 마을의 산봉우리에서 저마다 다음 날의 약속을 지키겠다는 신호의 횃불을 발견했다.

민족혼이 불길을 뿜는 듯했다. 앞날의 독립을 예언하는 듯한 환한 불빛은 밤새 그칠 기미를 보이지 않았다.

관순은 저도 모르게 감격하여 기도를 드렸다.

매봉에서 솟아오른 불길은 마을을 훤히 비추었으며, 마을 사람들도 나와 구경했다. 그러나 마을 밑에서는 다른 곳의 횃불은 보이지 않았기 때문에 일본 순사들도 의심하지 않았다.

 마을로 내려온 관순과 인석, 제한은 집으로 돌아가 매봉에서 본 횃불 소식을 알렸다.

역사 속으로

근대 교육의 보급

조선 정부는 개항 이후 개혁의 추진을 뒷받침할 인재를 키우기 위해 교육 부문에 관심을 기울였다. 먼저 일부 관리와 지식인은 근대식 학교를 설립하고자 하였다. 1883년에 개화 관리와 함경도 덕원부의 상인들은 원산 학사를 설립하였다. 유교 경전에 밝으면서도 서양 문물을 배워 실생활에 활용할 수 있는 인재를 양성하는 데에 목적을 두었다.

정부도 교육을 개혁하고자 했는데, 개혁은 두 갈래로 전개되었다. 하나는 서구의 교육을 적극 받아들이려는 것이었다. 이를 위해 근대적 학교인 육영 공원을 설립하였다. 육영 공원에서는 헐버트 등 외국인 교사 세 사람을 초빙하여 고관 자제나 고관이 추천한 젊은 선비를 대상으로 영어, 수학, 자연 과학, 정치학 등을 가르쳤다.

또 하나는 유교를 국민 교육의 근간으로 삼는 것이었다. 이를 위해 부실한 성균관을 정비하고, 조선 후기부터 향촌 사회 내부

　에서 성장하던 서당 교육을 국가 차원에서 초등 교육 기관으로 발전시키고자 하였다. 이제 교육은 전통적인 유교에 바탕을 두면서 서구의 실용 지식을 수용하여 부국강병을 꾀하는 것이 그 목표였다.

　1894년 갑오개혁이 추진되면서 교육 개혁도 이루어졌다. 외세의 침략 위협이 높아지는 상황에서 근대 국가로 발전하기 위해서는 국민이 애국심을 기르면서 신학문과 신기술을 익혀야 했다. 그리하여 정부는 교육 행정 기구로 학무아문을 두었고, 교육입국 조서를 발표하였다. 그리고 소학교와 사범학교, 외국어 학교 등 각종 관립 학교를 설립하였다.

　정부는 대한 제국 수립 이후에도 학교 설립에 힘을 기울였다. 그리하여 지방 각지에 여러 소학교가 세워지고, 1900년에 최초의 중등 교육 기관인 한성 중학교가 설립되었다. 또한 성균관의 교육 과정이 정비되어 전통 교육의 맥을 이었다. 그 밖에 각종 외국어 학교가 늘어나고, 상공 학교가 설립되었다.

　왕실, 전현직 관리와 일반인들도 학교 설립에 참여하였다. 1910년까지 민영환이 세운 흥화 학교를 비롯하여 수많은 사립 초·중등 학교가 설립되었으며, 전문 교육이나 고등 교육 기관의 설립도 추진되어 보성 전문학교와 한성 법학교가 문을 열었다.

　이 밖에 기독교계 종교 단체들이 선교를 목적으로 학교를 세웠다. 배재 학당과 이화학당이 그 대표적인 학교였다. 여기서는 신학과 함께 근대 학문을 가르침으로써 조선인들이 서구 사회를 이해하는 데 큰 영향을 끼쳤다.

　개항 이후의 근대 교육은 여러 굴곡을 겪으면서도 전통 교육에 바탕을 두고 서구 교육의 제도를 수용함으로써 근대 국민을 육성하는 데 많은 공헌을 하였다. 이러한 교육 방향은 일제 침략으로 말미암아 제대로 진전되지 못하였으나 이후의 민족 교육에 커다란 영향을 끼쳤다.

아우내 장터의 외침

드디어 음력 3월 1일의 아침이 밝아 왔다.

그날은 마침 아우내에 장이 열리는 날이어서 이른 아침부터 장꾼들이 하나둘씩 장터로 나오기 시작했다. 관순이도 아침 일찍부터 거사에 쓰일 물건들을 잘 챙기고 전쟁터에 나가는 용사처럼 비장한 각오로 집을 나섰다.

"관순아, 벌써 나가려고 그러니?"

어머니는 집을 나서는 관순을 보고 물었다.

"네, 어머니. 빨리 나가서 태극기를 나눠 줘야 하거든요."

"그래, 나도 조금 있다가 나서마."

"그때 봬요, 어머니."

관순이 멀리 사라지는 것을 본 어머니도 서둘러 집안일을 마무리하고 아버지와 함께 아우내 장터로 향했다.

관순은 길목에 서서 장터로 모여드는 사람에게 일일이 눈인사를 하며 태극기를 나누어 주었다.

태극기를 받은 사람들은 얼른 그것을 가슴속에 숨기고 사람들이 모여 있는 곳으로 걸어갔다.

미리 약속했던 마을 사람들이 모두 다 모이고 있었다. 더군다나 평소 장터에 나오지 않던 아낙네들도 눈에 띄었다. 그야말로 온 마을 사람들이 하나가 된 것 같았다.

관순의 친구들도 모두 모여 관순을 도와 길목 어귀에서 태극기를 나눠 주었다.

한편, 일본 순사는 장터로 몰려든 많은 사람을 보며 고개를 갸우뚱했다.

"오늘따라 웬 사람들이 이렇게 많지? 무슨 대목도 아닌데."

"날씨가 좋아서 그런가 봐."

순사들은 대수롭지 않게 여기고 그냥 돌아갔다.

정오가 가까워지자 장터는 사람들로 꽉 메워졌다.

사람들은 물건을 고르는 척하면서 어서 빨리 정오가 되길 고대하고 있었다.

시계가 정오를 알리자 갑자기 관순이 장터 한가운데 쌓아 둔 쌀가마니를 딛고 올라섰다.

"여러분!"

관순의 힘찬 목소리에 사람들의 시선이 몰렸다.

"우리는 4천 년 역사를 가진 독립국입니다."

"그런데 왜놈들은 강제로 우리나라를 빼앗았습니다. 이제 우리는 빼앗긴 나라를 반드시 되찾아야 합니다."

사람들은 가슴속의 태극기를 만지며 독립 만세를 외칠 때를 기다리고 있었다.

"지난 3월 1일 민족 대표 33인은 우리가 당당한 자주 독립국임을 선언했으며, 거기 모인 만백성들은 대한 독립 만세를 목청껏 외쳤습니다. 우리도 만세를 부릅시다! 독립 만세를 크게 외쳐 빼앗긴 나라를 되찾읍시다!"

유관순은 품속에 있던 태극기를 높이 추켜들었다. 그러자 장터에 모인 사람들도 저마다 가슴속에서 태극기를 꺼내 들었다.

관순은 목청을 돋우며 힘껏 외쳤다.

"대한 독립 만세!"

"대한 독립 만세!"

"만세! 만세!"

사람들도 일제히 만세를 외쳐 댔다.

아우내 장터는 이내 만세 열기로 가득 찼다.

사람들은 저마다 태극기를 흔들고 독립 만세를 외치며 장터를 돌았다. 그리고 주재소로 향했다.

커다란 태극기를 든 청년이 양옆으로 호위하는 가운데 맨 앞에 선 관순은 힘차게 전진했다.

갑작스러운 함성에 일본 순사들은 놀라 허둥대며 주재소 안으로 쫓겨 들어갔다. 그들은 천안의 일본 헌병대에 급히 연락하여 진압 헌병들을 보내 달라고 했다.

사람들은 주재소 밖에서 만세와 함께 비폭력* 시위를 했다. 그러나 주재소 안 일본 순사들은 총검으로 무장하고 나와 닥치는 대로 사람을 해쳤다.

"당장 그만두지 않으면 여기에 있는 모든 사람을 이 칼로 베어 버릴 테다."

주재소장 고야마의 목소리였다.

잠시 후 천안 헌병대가 마을 어귀에 도착하여 총을 난사하기 시작했다.

천안 헌병대에서 나온 헌병들이 다짜고짜 마을 사람들을 향해 총을 쏘아 댄 것이다.

"탕! 탕! 탕!"

만세 소리 가득하던 아우내 장터는 금세 아수라장으로

비폭력 시위

평화 시위를 말하는 것으로 여기에는 어떤 물리적 힘을 동원하지 않고, 다만 드러내고자 하는 주장만을 외치거나 침묵하여 시위하는 것이다.

민주주의 국가에서의 경찰은 이들의 시위가 끝날 때까지 시위대를 따라다니며 보호하고 있다.

3·1 운동을 그린 민족 기록화

변해 사람들이 이리저리 총탄을 피해 달아나고 있었다.

도망치는 사람의 뒤에서까지 총을 쏘아 대던 일본 헌병들의 잔악한 행위로 많은 사람이 쓰러졌다.

이때 관순의 아버지와 어머니도 그만 총에 맞아 쓰러졌다. 이를 본 관순은 부모님이 쓰러진 곳으로 달려갔다.

"아버지! 어머니!"

관순은 쓰러진 부모님의 시체를 끌어안고 엎드려 울었다. 순식간에 부모를 잃은 관순의 두 눈에는 적개심이 일었다.

그때 마을 지도자인 이종성 선생이 관순을 향해 소리쳤다.

"관순아! 빨리 도망쳐라! 여기서 죽음을 당해서는 절대로 안 된다!"

관순을 보고 달려오던 일본 헌병은 달아나는 관순의 등을 향해 칼을 내리쳤다.

다행히 댕기 끝만 살짝 잘려 나간 관순은 황급히 몸을 피해 가까운 집으로 들어갔다.

옷을 바꿔 입은 관순은 헌병들의 눈을 피해 집으로 돌아가려고 했다. 마침 가는 길에 동생들을 만났다.

"누나! 아버지와 어머니가 돌아가셨다고 그러는데 그게 정말이야?"

소문을 듣고 확인하려는 막내 동생 관석은 두려운 듯이 물었다.

할 말을 잃은 관순의 두 눈에서는 눈물만 흘러내렸다.

"누나, 왜 그래? 말 좀 해."

참고 있던 인석이도 눈물을 터뜨렸다. 관순은 동생들을 끌어안으며 고개를 끄덕였다. 동생들의 눈에서도 하염없이 눈물이 흐르기 시작했다.

"우리 부모님뿐만 아니라 수많은 마을 사람이 다치고 죽어 가고 있어."

"나쁜 왜놈들!"

관순은 비폭력 시위대에게 그런 잔인무도한 짓을 한 일본놈들을 도저히 용서할 수 없었다.

그때, 머슴 이 서방이 헐레벌떡 뛰어왔다.

"아가씨! 여기 계셨군요. 집으로 가지 마세요. 벌써 헌병들이 들이닥쳐서 아가씨를 잡아가려고 혈안이 되어 있어요."

"마음대로 하라지."

"안 됩니다. 어서 피하셔야 해요!"

관순은 두 동생마저 두고 떠나야 하는 것이 마음에 걸렸다. 하루아침에 부모를 잃고 더구나 자신까지 쫓기는 신세가 되었으니 참담한 심정이 되었다.

이때 헌병들이 다가오며 소리를 질렀다.

"저 계집애가 유관순이다. 어서 묶어라!"

관순은 미처 피할 틈도 없이 체포되고 말았다.

"꼼짝 마라!"

"누나!"

"저리 비키지 못해!"

"아얏!"

"왜 죄 없는 내 동생들을 때리느냐? 이 악독한 놈들아!"

"뭐가 어째?"

"입 닥쳐! 이런 못된 계집애 같으니."

"누나!"

"걱정하지 말고 동네 어른께 도움을 청해라."

"누나……."

"빨리 따라와!"

관순은 헌병에게 끌려가면서도 남아 있는 동생들을 걱정했다. 그리고 앞으로 닥칠 시련에 당당히 맞서리라고 다짐했다.

주재소로 끌려온 관순은 심한 매를 맞고 고문을 당했다.

"이 조금만 계집애야, 너에게 만세 운동을 하라고 시킨 사람이 누군지 말해라!"

"모두 내가 꾸미고 내가 실행한 일이다."

관순이 헌병 대장을 향해 당당하게 말하자 헌병 대장은 책상을 '꽝'하고 내리쳤다.

"이 당돌한 계집애 같으니라고."

헌병 대장은 관순에게 더 혹독한 고문을 지시했다.

관순은 얼굴이 퉁퉁 부었으나 나오는 울음까지 삼키며 입술을 꽉 깨물었다.

"너 같은 어린애가 주동자일 리 없다. 태극기가 어떻게 생겼는지도 모를 텐데…….”

헌병 대장은 관순의 말을 곧이듣지 않고 계속 다그쳤다.

"몇 번을 말해야 알아듣겠느냐? 내가 태극기를 모를 것 같으냐? 당장 이 앞에서 그려 보여 주마."

관순은 손가락을 깨물어 흐르는 피로 종잇조각에 태극기를 그려 높이 쳐들고 '대한 독립 만세!'를 또다시 힘껏 외쳤다.

"정말 악독한 계집아이로군."

헌병 대장은 관순을 구둣발로 마구 차고 때렸다.

하지만 관순은 잔인한 폭력에도 굴하지 않고 계속해서 만세를 불렀다.

"저렇게 지독한 것은 처음이다."

헌병 대장은 혀를 내두르고 관순을 공주 재판소로 넘겼다. 끌려가는 길에서도 끝까지 독립 만세를 부르던 관순은 모진 매를 맞아야 했다.

만세 운동이 있고 난 뒤, 용두리는 온통 쑥대밭이

되었다. 젊은이들은 모두 잡혀갔으며 노인들과 아이들은 하루하루를 조심스럽게 살아가야 했다.

이 무렵 관순의 오빠 우석도 공주에서 만세 운동을 하다가 공주 재판소에 끌려와 있었다.

관순은 공주 재판소에서 첫 재판을 받기 위해 형무소 뜰을 지나던 중 오빠 우석과 마주쳤다.

"관순아, 네 얼굴이 말이 아니구나."

"괜찮아요. 저보다도 오빠가 더……."

관순은 목이 메여 더 이상 말을 잇지 못했다. 더구나 부모님의 소식을 아직 모르고 있는 오빠에게 이 사실을 어떻게 말해야 할지 몰랐다.

"부모님은 안녕하시냐?"

"엉엉엉."

"틀림없이 부모님께 무슨 일이 생긴 거로구나."

이때 일본 순사가 말했다.

"아니, 무슨 수작이냐. 어서 가지 못해!"

"관순아, 힘내라. 언젠가는 좋은 날이 올 것이다!"

3·1 운동 직후의 재판 모습

"오빠도요……."

남매는 서로에게 용기를 주며 안타깝게 헤어졌다.

그날 재판을 받은 관순은 더욱 당당하게 말했다.

"만세 운동은 내가 꾸몄으며, 우리나라의 자주독립은 반드시 이루어져야 한다고 믿는다."

재판장은 관순에게 징역 5년 형을 선고했다.

"어린 몸으로 5년의 징역형은 너무 심하다. 상급 재판소에 상소를 해라."

여러 어른은 관순에게 그렇게 권했다.

"우리 땅 어느 곳은 감옥이 아니겠어요? 왜놈들이 우리

나라를 빼앗은 후부터 우리는 감옥 안에 살고 있는 것이나 마찬가지입니다."

관순의 생각으로는 더 이상 일본의 재판을 받고 싶지 않았다. 그러나 얼마 후, 관순의 소식을 들은 우석이가 몰래 감방 안으로 편지를 보내왔다.

경성에 있는 재심 법원에 상소하여 재판을 다시 받으라는 내용이었다.

마침내 관순은 경성에 있는 재심 법원에 상소하기로 마음을 바꾸었다.

관순은 경성으로 가는 기차 안에서 우연히 삼촌을 보기도 했다. 삼촌은 만세 운동으로 잡힌 몸이었지만 자세는 흐트러지지 않은 꼿꼿한 모습 그대로였다.

관순도 삼촌의 기개에 감격하고 또다시 용기를 내었다.

3일 후, 재판을 받는 날이었다.

"네가 독립운동을 주도했느냐?"

"내 나라를 찾기 위해 만세를 부른 것도 죄가 됩니까?"

관순은 더욱 또렷한 음성으로 말했다.

"피고 유관순은 들어라. 다시는 만세를 안 부르겠다고 이 자리에서 맹세하면 너의 죄는 가벼워질 것이다."

"다시 말하지만 내가 한 행동에 대해 잘못을 뉘우칠 일도 없으며, 앞으로 우리나라의 독립을 위해서라면 감옥 안에서라도 쉬지 않고 만세를 부를 것이다."

재판장은 눈이 휘둥그레졌다.

"감히 여기가 어디라고 함부로 그런 말을 하느냐!"

"너희는 남의 나라를 빼앗은 도둑놈이다!"

"무엇이, 도둑놈이라고?"

"하늘도 용서하지 않을 것이다!"

"그만 닥치지 못하겠느냐!"

조금도 흔들리지 않고 당당했던 관순은 결국 징역 3년형을 선고받게 되었다.

이에 따라 서대문 형무소에 또다시 갇히게 된 관순은 틈만 나면 만세를 부르며 우리나라의 독립을 위해 기도했다.

"대한 독립 만세!"

"대한 독립 만세!"

다른 감방에 갇혀 있던 사람들도 관순을 따라 대한 독립 만세를 외쳤다.

그 소리를 듣고 간수들이 달려와 관순을 끌어냈다.

관순은 사정없는 매질에도 아랑곳하지 않고 날이면 날마다 간절한 마음으로 만세를 외쳤다.

심한 고문으로 쇠약해진 몸을 이끌고 줄기차게 만세를 부르면서도 관순의 머릿속에는 동생들에 대한 걱정이 떠나지 않았다.

'인석이 관석이가 밥은 안 굶는지, 잠은 제대로 자는지……'

어느 날 간수의 감시를 피해 쪽지가 전해졌다.

관순아, 인석과 관석이는 마을 사람의 도움으로 공주에 잘 있으니 염려하지 마라.

낯익은 친구의 필체였다. 친구가 면회하러 온 사람에게 전해 준 것 같았다.

괴로운 감옥 생활 속에서도 그나마 그 소식은 위안이 되었다. 마침내 기미년이 가고 1920년의 새해가 밝았다.

1년 전의 함성이 여전히 귀에 쟁쟁한 관순은 3월 1일이 다가오자 다시 한번 만세 운동을 하기로 결심했다.

비록 감옥 안에서의 만세 운동이었으나, 힘만 모은다면 왜놈들의 사기를 떨어뜨릴 수 있을 것으로 생각했다.

관순은 모진 고문과 오랜 감옥 생활로 말미암아 심한 병마와 싸워야만 했다. 하지만 관순의 생각은 옆방에서 옆방으로 몰래 전해졌다.

드디어 1920년 3월 1일 정오가 되었다.

"대한 독립 만세!"

관순의 외침을 시작으로 모든 방에서 만세 소리가 터져 나왔다.

"만세!"

"아니, 이것들이……. 끌어내!"

"누가 주동자야?"

"나요!"

"아니오, 나요!"

"이것들이 아직도 정신을 못 차렸군."

"아악!"

"어서 주동자를 대지 못해?"

"모두 내가 꾸민 일이오. 다른 사람은 죄가 없으니 풀어 주시오."

"또 너냐? 이번에는 매운맛을 톡톡히 보여 주마."

그날 관순은 도저히 일어날 수 없을 만큼 매를 맞았다. 이 때문에 더 이상 돌이킬 수 없는 중병을 얻어 몸져눕게 되었다.

관순은 감방에 누워서 동생들을 생각했다. 돌아가신 부모님에 대한 그리움도 사무쳤다.

그해 3월 28일이 되자 감옥에 갇혀 있던 많은 죄수가 일본 왕세자의 결혼식 기념으로 특별 사면되어 나갔다.

이젠 아픈 몸과 외로움과 싸워야 할 형편이었다.

봄이 다 지나고 여름도 다 지나도록 관순의 병은 낫지 않고 더욱 깊어만 갔다.

가을바람으로 감방 안이 쓸쓸하게 느껴지던 어느 날 관순에게 면회를 온 사람이 있었다.

"유관순! 면회다."

간수는 관순을 데리고 면회실로 갔다. 그곳에는 동생 인석과 관석이 와 있었다.

"인석아! 관석아!"

"누나!"

삼 남매는 서로 부둥켜안고 실컷 울었다.

그러는 사이 면회 시간이 끝나고 그들은 돌아서야 했다.

울먹이며 돌아서는 동생들을 본 관순도 눈물이 나왔으나 곧장 감방으로 돌아와 기도를 드렸다.

"하느님, 제발 어린 동생들이 희망을 잃지 않고 살도록 굽어살펴 주세요."

그러나 이것이 마지막 만남이 될 줄 누가 알았으랴. 그 뒤 관순의 병세는 더욱 나빠져 꼼짝도 할 수 없을 정도가 되었다.

병든 죄수들만 있는 곳으로 옮겨진 관순의 모습은 간

수들조차 눈길을 줄 수 없을 정도로 야위었고 눈은 움푹 들어갔다.

그 후 낙엽이 한 잎 두 잎 떨어지던 9월 28일, 관순은 열아홉 살 꽃다운 나이로 세상을 뜨고 말았다.

오빠 우석은 동생의 부음 소식을 듣고 부랴부랴 서대문 형무소로 왔다.

일제의 잔혹하고도 모진 고문으로 죽어 간 동생 관순의 넋을 기리기 위해서였다.

우석은 그 길로 이화학당으로 찾아가 월터 교장을 만나 동생의 시신을 찾도록 도와 달라고 했다.

월터 교장은 형무소 소장에게 관순의 시신을 돌려 달라고 했다. 그러나 소장은 그것마저 거절했다.

"만일 시신을 돌려주지 않는다면 미국에 연락해서 일본의 나쁜 행위들을 전 세계에 폭로하겠소."

월터 교장은 일본 소장에게 으름장을 놓았다. 그제야 겁을 먹은 형무소 소장이 관순의 시신을 내주었다.

이화학당 교정에 안치된 관순의 시신과 분향소에는 많은

친구가 찾아와 그 넋을 위로했다.
 장례식은 10월 14일로 정하고 정동 교회에서 영결식을 치른 후, 유해는 공동묘지에 묻었다.
 그렇게 바라던 조국의 독립을 보지도 못한 채 열아홉이라는 짧은 생애를 묻어야 했던 유관순!
 순국 소녀 유관순의 빛나는 정신은 온 겨레의 힘이자 자랑으로 오래오래 남아 있을 것이다.

유관순 열사의 생애

충남 천안시 병천면에서 태어난 애국 소녀 유관순은 3·1 운동의 꽃이다.

이화학당 학생 시절, 3·1 운동이 일어나자 결사대를 조직해 만세 운동에 참여하였다.

그 후 천안 아우내 장터의 만세 운동 때 주동자로 체포되어 가혹한 고문을 받았으나 끝내 굴하지 않았고, 끝까지 옥중 투쟁을 전개하다 열아홉 살의 꽃다운 나이로 숨을 거두었다.

유관순
(柳寬順 1902~1920)

1902년
충청남도 천안시 병천면 용두리에서 아버지 유중권의 5남매 중 둘째 딸로 태어났다.

1915년
미국인 선교사 부인의 도움으로 이화학당 보통과 2학년에 입학하여 어려운 친구들을 도와주며 궂은 일에 앞장서는 모범 생활을 했다. 방학 중에는 고향에 내려와 오빠 우석과 함께 마을 아이들을 가르쳤다.

1919년
고등과 1학년 학생이던 유관순은 3·1 운동이 일어나자 여섯 명의 소녀 결사대를 조직해 만세 시위 운동에 참가하였다.
그 후 이화학당이 휴교되자 귀향하여 독립운동을 벌일 것을 결심했다.
여러 마을에 이런 뜻을 알려 많은 사람의 격려와 참여의 뜻을 확인하고 만세 운동의 선봉에 서기로 한다.
드디어 음력 3월 1일 아우내 장터에서 장이 열리던 날, 수천 명의 군중을 모아 독립 만세를 선창하며 유관순은 만세 시위 운동을 전개하였다. 이때 많은 사람이 총에 맞았는데 유관순의 부모님도 피살되었다.

유관순은 헌병에 체포되었으며 모진 고문에 시달리게 되었다. 모진 고문에도 당당했던 유관순은 어린 나이라는 이유로 5년 형을 선고받았으나 재심에서 3년 형을 선고받는다. 서대문 형무소에 갇혀서도 독립 만세 부르기를 주도하는 등 독립에 대한 그녀의 의지는 꺾이지 않았다.

1920년
모진 매와 고문에도 당당했던 유관순은 3·1 운동 1주년을 기념하기 위해 옥중에서 만세 운동을 벌이다 가혹한 고문을 당해 결국 병을 얻었다. 그럼에도 병든 몸을 이끌고 독립을 외쳤으며, 1920년 9월 28일 차디찬 감방에서 열아홉 살의 나이로 눈을 감았다.

1962년
건국 훈장 국민장이 추서되었다.